새벽에 핀 장미꽃

김영규 시집

도서출판 조은

시집을 내면서

　머뭇머뭇했습니다. 어떤 조그만 계기로 인해 졸시들을 모아서 시집으로내게 하심에 감사를 드리며, 하나님께 영광 드립니다.
　적어 본 첫 시는, 내 첫딸 민주와 첫 손자 하진을 위하여 기도하며 시로 표현한 "내 딸에게"입니다. 생명이 생명을 낳습니다. 낳은 생명이 심히 아파하니 낳았던 생명이 통곡하며 기도하는 소리를 내게 되었습니다.
　"김장 김치"는 어느 날 따스한 천사로부터 김장 김치를 받고 기뻐하며 적은 시로, 한겨울 포근한 시간을 보내었습니다.
　"인천공항", 사랑하는 형제를 맞이하고자 공항 가면서, 내가 지금 어디에 서서 어디로 가는지 물으며 적은 시입니다. 지난날, 포항 포스코를 항공으로 오가며 땅과 하늘 사이에서, 돌아가야 할 곳 있었음을 감사했던 시간이 생각나기도 했습니다.
　언제인가 일어서고 앉음도 제가 하는 것 아님, 알게 되었습니다. 인생 광야에서 피어나는 꽃들과 들판에서 열매 맺는 과실을 보았고, 그리고 노래하는 새들도 안경도 보였습니다. 고통과 고뇌의 시간 있었습니다.

  매일 주신 새벽을 깨우면서, 사철 계절이 지나가면서, 사역하다 잠시 보는 일상에서, 꽃들과 낙엽들이, 커피 한 잔이, 바람과 친구들이, 일상 삶에 주님께서 나에게 주시는 선물들로, 기쁨으로 다가왔습니다. 이를 기도하며 시로 표현해 보았습니다.

  시의 구성은 아침에 주신 마음을 담은 시, 계절 따라 적은 시, 일상에서 감정을 표현한 서정시, 말씀과 믿음의 조상들을 향한 습작을 시도한 서사시, 주 하나님 향해 찬양 신앙시, 그날이 오길 기다리며 종말에 관한 시로 구성했습니다.

  기상 북소리가 들려옵니다. 읽으시는 분, 인생길에서 한 잔 커피처럼, 꽃을 볼 때처럼 위안이 되길 바랍니다.

파주, 조그만 서재에 저자 **김영규**가

시를 추천하면서

시인 정두일

시집은 두루 읽고 음미합니다.
새벽 핀 장미
무슨 사연 있기에 붉게 되었나
표현이 모방형이 아닌 창작의 향기 있어 좋다.
가슴에 닿는 짙은 음성이 들린다.
국신문학 쉴만한물가 신인상으로 등단하다.
시집 내기 쉽지 않다.
담대한 용기를 박수한다.
앞으로 더욱 아름다운 시를 노래할 것이다.
귀를 가슴을 울리는 시가 그립고 기대된다.
첫 시집 진심 축하하고
마음 모아 격려한다.

추천자: 정두일 목사
- 성정교회 원로목사, 동서노회 공로목사
- 백림신학원 목회학박사, 수도국제대학원대학교 명예철학박사
- 서울문학 신인상 크리스찬문학 신인상 목양문학 대상
- 시집, '이렇게 시를 쓰면 되나요' 외 11권, 설교집 외 저서
- 개혁총회 증경총회장, 수도대학원대학교 전 총장

표지 그림 화가: 이병욱 박사
- 전 고신의대 외과 교수, 의학박사, 외과 전문의, 암클리닉 책임교수
- "암을 이겨내는 당신에게 보내는 편지" 등 다수 저술, 의사 전도왕
- 개인전 "2024 행복한 그림전" 등 7회, 2023 극동방송 초대전 외 국내외 전시 다수
- 2024 월드아트엑스포(WAE) 올림파이트 First Honor Achivement Award 등
- 현_한국미술협회 회원, 대암클리닉 원장, 대한암협회 집행이사

차례

시집을 내면서 … 2
시를 추천하며 … 4

제1부 • 아침시
새벽에 핀 장미꽃 … 9
시루떡 … 10
밤사이 … 11
나도 모르게 … 12
잠을 깨며 … 13
아침 새 소리 … 14
새벽 커피 한 잔 1 … 15
새벽 커피 한 잔 2 … 16
새벽 커피 한 잔 3 … 17
어느 여름날 새벽 커피 … 18
꿈 단상 … 19
밤 소리 … 20
새벽 비올 때 … 22
새벽 비 보며 … 23
어느 가을 새벽 … 24
가을 아침 … 25
새벽 눈 … 26
제주의 추억 … 27
한 사람 만남 … 28
딸에게 … 29

제2부 • 계절시
사랑 … 30

24년 나의 목련 … 31
설레는 봄 … 32
아카시아 꽃 향기 … 33
교차로에 핀 메꽃 … 34
5월 26일 비 … 35
부추전 … 37
부부의 날 맞아 … 37
장미 한 송이 … 38
진주 … 39
어느 여름날 어머니 회상과 기도 … 40
해운대의 추억 … 42
계절 앓이 … 44
광복절 아침 … 45
어느 찻집에서 … 47
교대 … 48
세월 속에 … 49
손녀 아라 돌 … 51
9월 첫날 … 52
선풍기 청소 … 53
가을이 오니 … 54
낙엽 소리 … 55
가을비 … 56
명절 전에 … 57
명절 밤 … 58
한가위 효 … 60
어느 가을 꿈 회상 … 61
고구마 그녀 … 63
김장 김치 … 64

제3부 • 서정시

생명 꽃 … 66
나의 꽃 1 … 67

나의 꽃 2 ··· 68
아내 생일 꽃 ··· 69
호수공원 꽃들 ··· 70
나팔꽃 ··· 71
이사 ··· 72
고양이 눈 ··· 73
행운목 ··· 75
시계 줄 ··· 76
안경 ··· 77
물망초 ··· 78
손자 손녀 봄놀이 ··· 79
오르는 거북이 ··· 80
저녁놀 사랑 ··· 81
가을비 길 ··· 82
송편 ··· 83
청포도 ··· 84
심학산에 올라 1 ··· 85
심학산에 올라 2 ··· 86

제4부 ● 서사시

모세의 노래 ··· 87
생명의 떡 예수 만나라 ··· 89
삼손 ··· 91
때 82 ··· 93
성경 지혜서 원리 ··· 95
네가 어디 있느냐 1 ··· 98
네가 어디 있느냐 2 ··· 100
이스라엘 절기와 복 ··· 101

제5부 ● 찬양시

생명 나무 찬양 ··· 102

읽고 행하고 가르치라 … 104
떡 하나 … 106
안식 … 107
갈대 … 108
수요 저녁기도 … 110
짜장면 … 111
찹쌀떡 … 113
눈 1 … 114
눈 2 … 115
눈 3 … 116
대속 … 117
교회와 목회 … 118
하나님 찾아오심 … 120
열심 … 121
양화진 단상 … 122
경건을 위하여 … 123
별 노래 … 124
그리움 1 … 125
그리움 2 … 127
기도 … 128

제6부 ● 종말시

인천공항 … 129
사데교회 … 130
나무 … 132
그날이 오면 … 133
메멘토 모리 … 134
국제공항 도착 입구 … 135

시해설 - 인생 생명 말씀 중심의 언어미학 … 136

제1부 아침시

새벽에 핀 장미꽃

새벽에 핀 장미꽃
무슨 사연 있기에 붉게 피었나

가시 숨기고 담을 넘어
속살까지 검붉게 피었구나

어쩌다 가시가 생겨
가까이 안아보기 힘드네

오늘 너의 자태가 눈에 들어
가던 길을 멈추게 하네

에덴동산에 핀 장미여
바벨론 그곳에도 피었는가

내 사랑 장미여
사랑 품고 있는 붉은 장미꽃

그 향기를 품어내니
어느덧 가시는 사라져 보이지 않네.

시루떡

새벽기도 후 지나오는 길
떡집 첫 떡 내음이 넘쳐 닿으니

가던 길 떡집 들어서게 되고
시루떡, 눈 맞으며 배고파지네

가격 비싸졌네! 내 쪼잔해졌나 봐요
2000원, 3000원, 4000원, 5000원…

하나 사 들고 오는 길,
오병이어 떠 올라왔네

육신의 떡과 생명의 떡 예수
배고픈 자 모두 나누어 먹길

아내는 먹음직하게 잘라주네
난 한 조각 떡으로 아침 감사,
생명 호흡 만족하네.

밤사이

늦은 어젯밤 쓱 지나고
새벽빛 비춰 깨우심에 기도하네

지난밤 꿈속 본것 무엇인가
깨어서 눈 통해 본 것 들어가니
무엇 보는가로 나를 이루어가네

빛과 어둠, 하늘과 땅
하늘 광명체, 땅 위 짐승들

다 갖추어 두고
하나님 형상대로 만든 사람 이야기
이 아침에도 들리네

하나님 보시기 좋은 자녀
밤사이 복 주시네
이를 아는 은혜 있길 기도하네

사랑하는 자여,
하나님 사랑, 이웃 사랑
세상 이기신 주님 알아
참 소망 이루길 축복하네.

나도 모르게

깊은 밤 잠 못 이루다
떠오르는 새벽
간절히 기도하며 갈 길 나서네

새벽 한 묶음 공기
속내 묻어 호흡하는
봄소식 주고 가네

세상 소란할지만
벙어리 말 문 열리게 하신
예수님 이야기 들리네

한 잔 커피 생수 마시고
시간 흐름 속 주여 만지어주소서
내 어린 손자
말문 터지길 간절히 기도하네.

잠을 깨며

어제 잠, 스스로 왔는가
오늘 내가, 청하면 오는가

어젯밤, 편안했는가
깊은 잠, 아파했는가

지난 아픔은 씻겨졌는가
아직 문제는 남아 있는가

잠을 깨우시니 일어나고
샛별 맑은 공기 마시네

오늘 하루 이 땅에서
살아갈 용기와 지혜 주소서
하나님 나를 도와주세요

교회 부흥케 하시고
자녀들 축복하소서

오늘도 세상의 사람,
하나님의 사람 만나면
예수 복음 전하며 증거하게 하소서.

아침 새 소리

아침 공기 가르며
서너 마리 새
나무 위 소식 전하는 노래하네

어디서 날아 왔는지
한 마리 새 홀로
난간에서 심령 고음 노래하네

간절하게 기도하는
다정한 한 쌍, 새 제새끼 데리고
하늘 향해 감사 노래하네

땅의 나무들 넓은 창공을
무료 대관하여 노래하니
그대로 삶 아름다운 찬양이네

인간 헛된 욕망도 씻어주는
저 새들, 하늘 노래 부르네
아침 공기 속 저마다 찬양 부르네.

새벽 커피 한 잔 1

새벽을 깨우며 커피 한 모금 마십니다

내 영혼 깨우시고
생명의 주 향하게 하시니
믿음 더욱 굳건히 은혜 주옵소서

아버지여, 호흡 속 기도하오니
종의 기도 향기 올리오니 받아 주소서

이 땅에서 종이 지은 죄,
자녀들의 죄, 모두 용서하소서
언약의 주여, 기억하사 구원하소서

헛된 매임에서 구원하사
예수 그리스도 안에서 살아가도록
새 영, 새 힘을 부어 새롭게 하소서

깊은 아픔 쓴 뿌리 치유하시고
봄날 새순처럼 일어나게 하시고
주 찬양하게 축복하소서

주안에 복음 전하는 행복자,
하나님 복을 만방에 전하게 하소서

커피 한 모금 마실 수 있음에
감사하며 큰 호흡 하네.

새벽 커피 한 잔 2

새벽 한잔 커피 내릴 때,

커피 가는 소리는
나를 갈고 내려놓는다

커피 향기는
숨 쉬는 호흡을 마셔 들인다

따스한 한 모금은
나 위로하여
내 마음의 흐름을 갈라놓고

한 잔 커피는
새벽차 소리 뚫고
마음 깊이 찬양 나와 들려주네.

새벽 커피 한 잔 3

새벽 공기 차다

그것 무엇이라고
밤새워 뒤척이고

넌 가야 하는 새벽 기도,
또 하루 선물
온몸 일으켜 맞이하네

인생길 위에
새벽에 나서는 나
심령 목마르다

커피 한 잔 내릴 때
창을 뚫고 희미한 빛 보이네

커피 한 잔
네가 생수처럼 위안
힘을 주네.

어느 여름날 새벽 커피

무르익어가는 여름
따스한 커피 한 잔 보네

그렇게 잠 못 이룸은

더위인가, 허전한 틈인가,
낮에 마신 커피로 인함인가

마주한 샛별 커피는
내 영혼 흔들어 깨우네

낙엽 소리 들리기 전
커피 한 모음 마시니

허전한 틈 사이 채워
두 손 모아 작은 소망 담으니
하늘 빛 비추어 주시네.

꿈 단상

천지 첫 새벽빛 깨어난 아담
무슨 꿈 그렸을까

새벽 어느 나이 든 청년
빛 이끌려 꿈 꾸네

새벽 커피,
잔 속에도 꿈 있네
오늘 살아갈 힘 주시는 꿈

말하지 않아도 들었던
그 꿈 어떻게 이루어 주실까

내 오랜 벗 멀리서
공간 넘어 꿈 적어 전하네

그 꿈 이루기 위해 기도하며
세월 아껴 힘내 보자고 하시네.

밤 소리

초저녁 잠시 잤는데 나도 모르게
하루 지나는 시간 일어나
꼴딱 고개 넘는 소리 듣네

멍하니 깊은 어둠 창가 보니
차 지나가는 소리 들려오는데
이내 마음 멍해져

앗, 미팅 놓쳤네
급히 피시 두드려 체크하고 수정하여
어디인가 보내는 소리 들리네

머리에서는 지난 기억이
다투어서 빠져나가고
멍한 소리 창 통해 가슴에 드리네

난 순간 광야에 나아가 서서
푸석한 뺨에 풀잎 스치며 물소리 듣네

아무것도 내게 없고
모든 것도 내게 있으니
이 밤 소리는 무슨 말 하는지

깊은 밤 소리 파장
깨어난 님이여 들려지길
때와 소리 의미 아는 지혜 있길.

새벽 비울 때

새벽은 비워야 할 때
떨어진 낙엽의 소리 들리네

머문 방 안 물건들도
지금 갈 곳 보내어
비워달라 하네

남겨진 시간
허락된 공간
비우므로 새롭게
새 길을 열어주시길

때에 따라 주인 따로 있네
잘 사용하고 비우고
깨끗하게 드리자

사랑은 비움에서
새벽 커피 한 잔으로
비운 맘 채우네.

새벽 비 보며

비가 내리네
밤새 비 내렸나 보다

여름비 내리는 때가 되면
비 오는 날 떠나신
사랑의 부모님 얼굴, 보였지요

오늘 내리는 새벽 비,
거짓과 갈라진 더러운 땅,
새롭게 하나 되는 사랑의 비,
아이들의 얼굴, 바라보네

이른 비는 생명을 살리고
열매가 맺게 하시네

이 비로 무지개 빛 오르면
이 땅 주신 언약
기억하게 하소서

늦은 비 그 은혜 언약,
약속 붙잡고 기도하오니
내 자녀 이 땅에서 말씀 먹어,
말문 열어주시고
내 생명 살려주옵소서.

어느 가을 새벽

새벽 깨우시니 감사해
쌀쌀한 온도 느끼는
어두운 밤
빛으로 밝아져 오고

어여쁜 아내 또 하루를 준비하고
장모님 아직 주무시고
난 말씀 묵상 새벽 기도 나서네

어제 구약 강의 마치고
이제 신약 강의 준비하네
주여 바르게 전할 마음, 능력 주소서

이 가을 새벽기도에
참 소망 기도드리네
열매 감사, 은혜 주옵소서.

가을 아침

가을 아침,
새의 노래 청아하고
바람 탄 낙엽
창공 나르네

가을날 떡집,
찢기며 빠개지며 만들어진
한 조각 떡, 십자가 생명 되었네

가을 아침,
커피 한 잔 앞에 두니
떡과 잔이 되었네

9월 어느 아침,
그려진 그림 속
보고 싶은 님, 노래해.

새벽 눈

밤새 눈이 내렸네
이 땅 새롭게 되라고

하얀 눈이 내렸네
북녘 변두리에도

저 눈 쌓이고 쌓여
어깨 위 무게 견디고

끊어진 이 땅
눈 녹을 때
속으로 생명 열정 담아내어

더러워진 대지
하나로 덮은 눈
봄옷 입을 수 있을거야.

제주의 추억

제주 바다
먼 기억 가물가물하네

오랜 친구,
제주 바다 그림 그려 보내주니

순간 지난날 갔던
그 제주 바닷가 홀로 거리네

모래 밟고 푸르름을 보니
그 바다는 하늘과 하나가 되고

갑자기 내리는 제주 비바람,
한 장의 추억 사진 날려 보내네

제주의 비바람 타고
난, 다시 돌아와 책상 앉아
뜨거운 커피 한 잔을 마신다.

한 사람 만남

한 사람 만남이
많은 사람 만나게 하고

한 사람 떠남이
많은 사람 떠나게 하네

한 사람 죄로
모두 죄인 되었고

한 사람 속죄로
온 사람 구원의 길 열렸네

난 오늘 어떤 사람으로
어떤 만남 이루어질까

새벽 기도하며
그 한 사람 만나길 원하네.

딸에게

애야, 기죽지 말아라
하늘을 보아라
하늘 아버지가 준비해 주셨다

애야, 성경 보고 기도하여라
거기에 갈 길 기록해 주셨다

태양이 작열하든지, 폭풍이 몰아치든지
이길 수 있는 모든 것 거기에 있단다
나와 함께 가자

사랑하는 딸아,
실망도 말고 기죽지도 말아라
고난은 지나는 과정이란다

주님 통해 진주처럼 빛나게 될 것이다
주님 사랑하는 딸을 축복하소서
불쌍히 여기시고 새 힘 주소서.

제2부 계절시

사랑

사랑하는 아이야
깨어 일어나 함께하자 구나

봄은 어느새 와 있구나
님아, 감사하며 사랑하자 구나

슬플 때 고달픈 삶 있지만
애, 기쁨으로 살아갈 만하다

호흡할 힘 있다면
님이여, 땅 뚫고 나아가 살아가 보자

어여쁜 사랑하는 님아
담대하게 하나님께 나아가자

사랑하시는 주님,
빛 비추시고
늦은 비 내려주시니

사랑하는 딸 아이야,
순종하며 함께 하자.

24년 나의 목련

새벽, 한 아름
나의 목련 피어올랐네
어머니 집뜰 피었던 그 목련으로

순결한 흰옷, 단아한 자태
그 향기 품고 하늘을 향해 오르네

새벽 봄바람이 그녀를 흔드니
목련도 살포시 날 보면서 웃네

긴 겨울밤 몸서리치며
아파했던 자리에서
너 일어나 피어났구나

마당 봄꽃, 하늘 향한 목련
그 속에 내 어머니
고우신 얼굴 비추네

아련한 그 모습
목련 속에 한 송이로

긴 겨울, 내 고단한 지난 사연 맺힌
목련이 하늘로 피어오르고 있네.

설레는 봄

간절히 기다린 새봄 온다네
인고의 세월 기도하며
가슴 설레는 봄 오네

봄 오면 주님 산도 오르고
눈 뜨면 주님 향해 기도하며
주 지으신 땅 밟고 소식 전하리

꽃 피는 봄, 나도 피어나고 싶어
그렇게 피어나고자 기도하네
그 꽃씨 가슴에 움틀거리고 있네

봄이 오면 주님 만나리
열매 풍성하도록 기도하네
생명 살아난 봄
이미 와 있네.

아카시아 꽃향기

5월 아카시아 향기 맡아보셨나요
새벽바람 향기 속
아카시아 꽃향기 날아왔어요

5월 아이는 자라고 있어요
밤새 울고 다가온
꽃향기 쑥 새롭게 하네요

5월 꽃과 신록 속 세상 보니
아름다운 아카시아 꽃향기 이끌러
어린 소년 고향 산 오르고 있네요.

교차로에 핀 메꽃

인생 교차로에 피어난 꽃
잎새 길쭉하게
꽃봉오리 하늘로 피었네

기쁜 소식인 나팔꽃 친구로
빨라진 세상 맞추어
서둘러 여름 알리고자 피었네

연한 홍색 너
세상 이긴 자처럼 순결한 자태로
기쁨 되어 참 아름답구나

교차로에서 갈 길 알려주는
이 세상 길 밝히고자
빛나고 순수한 자태로

내년에 또 볼 수 있다 약속하는
너는 참 사랑스럽구나.

5월 26일 비

비 내려, 5월 장미는 고개 내리네
내리는 비, 어떤 소식 담아 내리는지

이 비, 우산 속일지라도
난 비 젖어 들어가고 있구나

내리는 이 비,
그리운 부모님 기억 떠올라

젖은 빗소리 담고자
뜨거운 커피 한 모름 마시니

커피는 소낙비로 내 몸 들어와
헛된 지난날 씻어주네

비 맞자 생수 비를 맞이하자
장미, 썩지 않는 기도 향기 올리며
쇠하지 않는 소망 기도하네

성령의 비 내려 산 소망 담아
님은 비 맞으며 새로움으로
감사 기도 올리네.

부추전

창밖 비가 내리고
아내는 부추로 부추전 만드네

부추 그 모양 쭉 단촐
봄여름 삼사 차례 잎 돋아나네

간의 채소 부추는
소화 촉진 혈액 순환
활성산소 해독 작용한다네

한 판 부추 먹고 나는
고향마당 한 바퀴 돌고 하늘 보네

어머니 고향 그 부추전
한입 또 한입, 한판 먹고 즐거워

부추전 한 판 먹고 힘 솟아나네
부추 힘인가 아내 사랑 힘인가

저 옛 광야 만나와 메추라기,
오늘 하늘 부추 내려 감사
말씀 먹고 은혜 감사 찬양하네.

부부의 날 맞아

둘이 하나 부부의 날 기념일
5월 가정, 어린이, 부모, 스승의 날
완성은 부부의 날 맞이하네

태초 하나님 한 사람 한 부부
한 가정로 온 인류 만드셨네

사회 정치 경제 문화 외교 국방 교육,
모든 시작은 한 부부에게서 시작된다네

한 남성, 한 여성 만나 한 몸 가정
그리스도와 교회의 관계라
한 몸 된 가정, 비밀을 알게 하소서

세상의 풍파, 고난 있을지라도
하늘 통치, 말씀 은혜는 한 사람,
한 가정으로부터임을 알게 하소서.

장미 한 송이

한 송이 장미 찾아 시장에 혼자 갔었지

여러 색깔 장미들이 웃는데
어느 장미 어울리나

옅은 분홍색 장미, 참 예쁘네
내 마음도 그대 꽃잎에 싸여있네

붉은 한 송이 장미
눈을 멈추게 하고
정열, 열정으로 살아가는데

잠시 지켜보았다 여겼지만
이미 해 저물어 가야 할 때

흰 장미 옷 입고 다가오고
밤 되어 색깔별 장미 찬양해

나의 장미, 가시는 떨어져 가고
껍질 허물 벗겨진 한 송이,
한 덩이 맺어져 사모하는 보고픈 님 찾네.

진주

바닷가 한 조개
그냥 한 모금 물 마시다
한 알 모래 들어옴도 몰랐네

그 알 콕콕 찌르고 늘 아프네
뿜어내지 못하고 스스로 이기고자
묘약으로 이물질 감싸보네

삶에 원치 않는 고난이 왔을 때
성령 기도, 탄식 기도, 선포기도 해
어느 날 주님 찾아온 은혜 알았네

돌아보아 몰랐던 진리 깨우쳐
이제 삶의 진주가 된
사랑하는 여인아

진주보다 더 현숙한 여인아
그대 진주보다 아름다운 보배로
손에 새기고
진주 목으로 빛나리.

어느 여름날 어머니 회상과 기도

어머니,
불러 봅니다

아버지 골방에서 공부만 하실 때
뱃속에 나 품고 기도하신 어머니
큰 물난리에 날 낳으시고
곧 밭으로 나가신 어머니

키우시면서 아들 잘되길
조석으로 기도하신 어머니
온갖 힘써 애쓰시는 모습
떠오르는 어느 여름날

그 아들 인생 조금 알게 되는 때
어머니 기도 소리가 들리며

이제 어머니 아들의 자녀들
그 자녀들의 자녀들을 위해 기도합니다

주님 제자들에게 가르친 기도
십자가 지시기 전후하신 기도 음성 들리며

어머니 기도로 먹고 자란
자녀처럼 기도하게 하소서

시공간을 초월하시는 주여
믿음의 기도 들으시는 주여

이 땅 사는 주의 자녀
은혜 주시고, 주 안에 살아가게 하소서.

해운대의 추억

해운대 바닷가
언제 갔던 기억이 있나

육지와 바다 사이
모래를 잡고 놀던 그 시절

아스라이 떠 오르는 추억은
파도로 지워지고

내 몸 젖은 바닷물을
이내 몸이 기억하네

그 바다 끝에는 무엇이 있을까
되새기면 호기심 많은 시절

세월의 파도가 내 가슴을 치고
폭풍우 치며 빗물이 눈물 된

지난 시간 세월의 흔적이 없어졌는가
눈을 들어 바라보니

태초에 천지를 만드신 분이
하늘과 땅을 구별하시고

자기 백성 자기 자녀 구하려
하늘나라에서 이 땅 임하며
바다를 밟으며 빛을 비추시며 새로운 날 주소서

어제는 어제로, 감사로 족하고
오늘은 오늘로, 새로움으로

추억은 파도로 부서져 잊게
하시고 주의 영을 부어 주사
오늘과 내일은 성숙한 인간

열매 맺는 가을 되게 하소서
겨울이 오기 전에
허락하시는 시공간 은혜 주소서.

계절 앓이

며칠을 심하게
계절을 앓네
결혼식 이어 장례식 오며 가며

길 위에 있는 인생이라 앓이를 하고

늦여름 더위 시원한 콩국수
후루룩 한입 먹고 배앓이하고

야옹이도 헥헥
거친 숨 넘기며 무더위 앓이를 하네

오락가락 장맛비 줄기,
창가를 때리며 여름 앓이를 할 때
나는 또 달력 한 장을 넘기며
지나간 시간에 속앓이하네

내 인생 나그넷길
나를 흔드는 계절 앓이
가을은 쑥 내 앞에 다가와 있고

인생 겨울 오기 전,
썩지 않고 쇠하지 않는
유업을 남기는 삶을 살아야 할 텐데.

광복절 아침

광복의 아침,
그 의미 알기를 간절히 원하네

조선은 일본에 망했는가
독립은 어떻게 이루어졌고
그 역사 제대로 알고는 있는가

동족상잔(同族相殘)은
왜 일어났고
무수한 피들의 외침 듣고는 있는가

나라 잃은 설움,
고통에서 몸부림까지
잘살아 보세 삼천리 금수강산 외쳤던
피와 땀에 감사하고는 있는가

자유민주주의,
세계선진 대한민국,
밤낮 일한 애국의 열정,
사랑 믿음 소망이었다네

아, 그런 대한민국이
거짓과 모함이 설치는 국회,
탐욕으로 당쟁에 망한 조선으로,
또 어디로 가고 있는가

부끄럼 없는 유산 물려주기를
너와 나, 우리의 정체성
은혜를 바로 아는 광복의 아침 되길.

어느 찻집에서

어느 찻집에서 팥빙수
한 숟가락에서 한 그릇까지
순식간에 들이키며
가을하늘 보네

지난여름의 흔적들,
물 한 잔이 씻어 내려주고

밀려오고 가버린 시공간
가을 온 길가에 흐르는 바람,
내 머리에서 온몸 씻어내리네

마주 본 어느 여인의 눈동자 속,
새 힘 주시는 가을 되길.

교대

너, 지난여름 수고했네
선풍기 임무 교대

밤낮 돌렸던 날개 접고
가을하늘 바라보며 쉼 가지길

추위, 그녀가 오면
열기구 준비해야 해

긴 겨울 지나고
봄, 그리운 님 오면
너도 그녀도 같이 볼 수 있을까

수고한 친구야
가을 아침, 커피 한잔하렴.

세월 속에

세월은 소리 없이
흔적도 싹 지우고 달려가네

예전과 달라진 이 세상 문화 속에
커피 한 잔 마시며 하늘 바라보네

세상 살기 좋아졌으나
거짓 불평은 더 많아진 인생들 듣고

나 인생길 얼마 남을지 모르고
나그네는 매일 말씀 묵상, 기도하네

아내는 장모님 온도 체크
간절히 모시니 그 맘 깊어가고
하나님 은혜, 눈물 기도 올리네

손자 손녀, 영육 건강히 자라나며
지혜가 더해 가길 기도드리네

세상 속 교회, 주신 사명을 다하길
감사하며 주 뜻대로 살아내길

허락하신 시간 속 선교, 전도
말씀 먹고 전하게 하소서

옛 친구는 바람결에 스치고 가고
외로움은 잎새 색깔 변화하고
또 하나의 가을맞이하겠지

바람 속에 허락된 세월,
가는 여름은 여름대로 감사
새 가을이 오면 더 감사하며

또 맞이할 새 겨울이 오면,
더욱 감사하며 새봄이 오면
새롭게 무릎으로 감사하리라.

손녀 아라 돌

아라 돌에,
작열하는 태양은
가을하늘 구름 곱게 만들었네

빛의 열매,
지혜 있는 자 같이 행하라

아라는 행복한 자, 복된 자녀로
첫 돌 맞이 축복한다

생의 걸음마다
하나님 경외하며 살아가거라

부모효도, 형제 우애, 사랑 너머
하나님 자녀, 빛의 자녀로 살리라.

9월 첫날

9월 첫날에,
고통 아픔 씻고
사명으로 일어나리

가야 할 길 위에
언제나 내재하며
함께하시는 님이시여

시간의 연속성 위에
주의 영, 지혜, 성령
충만하게 하소서

위로하시고 지혜롭게 하사
생각나게 하여
대언 증거 되게 하소서

9월 첫날,
어둠을 뚫고 빛을 비추시니
하늘 향해 찬양 기도 올리네.

선풍기 청소

한가위, 선풍기 청소하네

피곤한 몸, 나사 풀고
너, 시원하게 팔과 날게 씻어

혈액이 잘 통하도록
너, 깨끗하게 닦아 주었네

다시 조립하고 조여
너, 다시 달리도록 다짐해 보네

너, 지난여름 참 수고했네
아직 더우니 더 수고하고

새해도 힘껏 돌려야 하니
너도, 체력 관리 잘하길.

가을이 오니

8월 31일, 어머니 오시니
가을이 따라 들어오네

맑고 높고 밝은 가을하늘
여무는 들판 곡식
풍년 감사 춤추며 넘실거리네

아이들은 장래 일 말하고
어머니는 꿈을 꾸고
나 우리는 이상을 보네

가을 하늘 아름답게 보이네

가을 오는 날 그 시간에,
진한 기도의 향기 맑은 하늘로 오르네
이 땅에 하나님 나라 충만하게 하소서

가을은 고우신 장모님 퇴원하게 해
가을맞이 방에 들어서니
하나님 은혜 향기 가득하네.

낙엽 소리

새벽 낙엽 쓸어내는
싹 싹 싹 소리 들린다

어느덧 깊어진 밤,
만물의 색 변화되어 가고

햇살의 아이는 자라나며
돌맞이 나아가네

낙엽 소리 들리는 시간,
기도는 더욱 간절히 깊어가고.

가을비

새벽
가을비 내리고 있네

때 되어 내리는 가을비
떨어질 준비된 잎 돕네

공기 내음과 비 신선함
안팎의 쓰레기 치우고

물기든 낙엽 살포시 밟으며
허물과 고난 지나길

새벽 비 다시 생기 주고
생명 올라 피오르네

하늘이 땅에
땅이 하늘 맞닿아

생수의 강을 이어주는
새벽 비 온몸 젖히네.

명절 전에

명절 오면 고향 생각나
나온바 고향에서 본향 길 향하네

명절 앞날,
나는 기도원 올라가리라

명절 때도,
주님의 은혜 안에 있게 하소서

명절 전에, 나를 씻고
생수 마시며
힘든 기억들은 씻어내고
새 힘으로 살아내게 하소서

주님 주신 선물 감사하며
주신 선물 나누게 하소서

명절날, 자녀들 성도들
축복하게 하소서.

명절 밤

명절 저녁 고요에 멍하니
오늘 하루 쭉 보면
새벽 기도, 주일 준비

명절 성회, 기도원에
말씀 듣고, 간절한 눈물 기도
나음, 고침, 은혜 간구했네

딸과 사위, 손자 세배 인사
밥도 같이 못 하고
사돈 선물도 못 챙겼네

오후 병원에 가는 길 위
하늘 맑고 상가 문은 닫혔네
뵙고 기도와 무엇할 수 있나

딸 아이 병원에서 보고
스치는 마음 전하며
아픈 흐린 눈 감김 드네

병원 창 너머 교회 건물
내 안 교회

말씀 속 교회 보게 하시네

젊은 나이 부고 들리고 그 소식
하나님 뜻 인간이 다 모르데
남은 자 몫, 주님 알게 하소서

인간사 여러 모양 여러 형태
생사고락 어찌 다 알 수 있으랴
불쌍히 여기소서

병원 나서 커피 한 잔 머금고
오늘 지나가는 시간이 되어서
아~ 한 가지 잊었네

멍하니 적막함 흐르네
천사들 말씀 나누기 준비하네
오늘 밤 아내는 병원에서

어떻게 보내나 쪽잠인가
주여, 잠결에 만나 힘주시고
심령에 큰 권능 은혜 주소서.

한가위 효

한가위 다가오네
한가위 효, 무엇인가 뇌 아리네

이스라엘 백성 포로에게서 돌아와
정체성 찾아 성전 올라가듯
명절에 기도원으로, 주님 만나리

나온바 고향 그리움은 나아갈 고향 향하고
지난날과 달라진 몸으로
무엇을 할 수 있나

자녀와 자손들에게 본이 되는 삶,
아버지 뜻대로 살아내야 할 텐데

장모님 누워 계시지만
눈 말하고 영은 하늘 향해, 그날
알 수 없으나 주님 나라 향하네

가끔 고달픈 인생길일지라도
명절의 때, 가족 함께 기도하네

끝까지 믿음 지키고
십자가 흔적 남기는 삶,
아버지 뜻 따르는, 효 이루기를.

어느 가을 꿈 회상

이때쯤 되면 회상되고
꿈 가끔 꾸었네

내 청춘 회사 일 몰입
갑자기 지난 추억인가

세상에서 주님 부르실 때
악인의 유혹도 꿈속에

낙엽 지고 헤어짐 속
열매 맺음에 새 길 가네

동틀 때면 온몸에
들려오는 님의 소리

가을 익어 겨울 가는 새벽
아내 정년 소식

아쉬움과 쓰린 맘 너머
이제 주께서 새 힘 주시길

눈물과 땀으로 지낸 흔적

지우시고 새 능력 주시길

어쩌면 내 주님께서
이미 예비하신 복된 길 있으리

주여, 종에게 소망은
주님뿐이오니

종의 아내와 권속들
아름답게 귀하게 축복하소서

넉넉하게 채워주옵소서
새 사명 감당하게 힘 권능 주소서

주여, 종과 부모님 자녀들
헌신한 아내에게 새 꿈 주소서

아무것도 없으나 모든 것 주사
주님 영광 받으옵소서

주여, 꿈속 회상에 깨어
기도하는 종 눈물 기억하옵소서.

고구마 그녀

고구마 굽는 소리 들리고
고구마 익는 냄새 보이네

어느 토요일,
아내는 요리 준비하고
나그네는 말씀 준비하고

그녀는 온몸으로 열을 받아내네
잘 익어가는 색깔 변해 갈 때

그녀는 기억하네, 지난날
씨 뿌려져 어두운 땅속에서
물, 바람, 햇빛 받아 살아내어

열매 맺기까지 순간순간
겪은 고난의 기억들, 감사하네

그녀, 감사로 잘 익어져 간 인생
감사하며, 내년 또 만나길 바라네.

김장 김치

아침 김장하러 간다는 문자 보고
어머니 김장 모습 눈에 보였네

그 시절 김치 담금은
연탄과 땔감 준비같이 겨울 준비였지

김장 소리에 침샘 흐름과
그리운 어머님 눈 보이네

땅에 묻었던 김장 김치 맛
냉장고에 담 꾼 김장 김치 맛

방송으로 사 먹는 김치와
김장 나누어 먹는 김치 있네

토요일 오후 감사의 말씀 보다
추수 감사를 묵상하네

천사가 밤 되기 전
수고로이 담은 김장 한 통 전해주니 감사

한 포기 찢어서 먹으니
밥도둑이고 보약일세

난 추억 타고 소년 되어
김장하고 누우신 어머니 보네

어머니 사철 김치 만나 주시지만,
김장은 겨울 준비 특별히 감사

인생의 겨울 되기 전에
주님 김장 준비해 주시니 감사

깊어가는 가을밤
김장 김치 추수감사절 감사.

제3부 서정시

생명 꽃

꽃씨 언제 피어올랐나
오랜 세월 땅속에서
하늘 향해 기도했나

사랑스러운 꽃
태초 만들어진 너는 지금
아름다운 자태 품어 내구나

비바람 천둥 아픔 고난
큰 나무 아닐지라도
작은 너 고운 꽃 되어 피어나

어머니 오실 날 맞이하려고
생명의 꽃으로 활짝 피었구나

이 작은 꽃들 모여
하늘 향해 기도 향기 받으사
주여, 구분하여 이곳 축복하소서.

나의 꽃 1

솔로몬의 모든 영광,
나의 꽃 같지 못하리

계절마다 피는 꽃
하늘 향해 핀 꽃

너 참으로 아름답구나

해 달 별의 영광,
너를 통해 보네

비바람 불어도
그 비바람으로 자라나며

꽃이 되어 가구나
꽃이 사랑스러운 꽃 되는 것

그대로 꽃,
꽃이라 부르니 꽃이 되었네

너와 나의 꽃, 우주를 담았네.

나의 꽃 2

너 모양이 꽃이라서 꽃일까?
너 향기 나서 꽃일까?

어여쁜 꽃은 그냥 꽃이라
꽃으로 불러주니 나의 꽃이지

가끔 너 자신도 꽃인 줄 몰라
너도 내일 일, 너 자신도 몰라

다만 너는 꽃 되어
하늘빛 향하고
땅에서 살아내는 거야

너는 내일 알 수 없으나
계절은 알고 그날들도 알아

너의 아버지가 가르쳐 주셔서

님 그리워하며
수많은 밤 새운 너는
가을 열매로 봄을 준비하네.

아내 생일 꽃

아내 생일 아침,
꽃이 웃네

가을이 와 있네
인생의 가을도 와있네

길 위 올라가는 새벽 기도
생일 맞은 생명 꽃과 열매보네

아름다운 너의 자태
지난 흔적 너머 살며시 웃네

너의 눈 하늘 향하고
또 웃으며 나를 바라보네

꽃, 너는 새 아침 커피 마시고
오늘도 맡은 일을 하시네.

호수공원 꽃들

비행기 굉음 소리 밑
먼 이국의 꽃들 피어 있네

만남의 기쁨
떠남의 아쉬움 엮어
한 송이 한 송이 피어난 꽃

호수공원 오월 번개 소리에도
마음 붉은 꽃

하얀 옷 순결 꽃
한 송이 미소 담은 꽃

지난날 어느 섬 보았던 꽃
친구처럼 여기 피어나 있구나

너 피어난 꽃, 꽃, 꽃아
겨울 고개 너머 피어났구나

호수의 꽃은 지친 나그네,
오랜 연인같이 반갑게 맞이하네.

나팔꽃

새벽 기도 길
교차로 옆에 꽃 피었네

지난밤 아픔에 울었더니
너 꽃은 피어나 위로하네

여름 가지고 꿈 품어
일어나라 나팔 소리 내니

인생길 교차로 서서
꽃향기 오르고 또 올라 나르네

깨어 기도하여 보아 듣네
나팔꽃 당신, 기쁜 소식 전하네.

이사

이삿짐 차 와서
짐을 옮기는 어느 봄날

따스함 공기 하늘
바람을 가르며 길 만드네

어머니는 오늘 병원에서
집으로 오셨고 짐 옮겼네

의료도구 빌리고 사들이고
먼저 와 구급차 기다리니

고양이도 맞이할 준비
몸 단장하네

응급 구급차로 다시 오셨네
전염 예방 철저히 건강 복되시길.

고양이 눈

고양이 날 보는 눈,
어디인가 입가 모양 따라 달라

고양이 보아 달라고
달려와 몸 흔들 때
눈 간절하고

내 책상 위 올라 먼 곳 보고
날 보는 그 눈,
의심하는 눈 같네

그 눈 깊숙이,
고양이 무엇 원하는가
때 따라 눈빛, 몸짓 흔듦 다르네

고양이 그녀도 원하는 바 있어
해주길 바라는 이에게
눈빛 보내네

고양이 눈도 창문 너머

창공 보면 생명 찾는 듯한데
나 우리 인간, 어떡하나

고양이 눈 속 의지 담겨 있네
강력함 보이니 저세상 알고 싶은가

고양이 무엇 얻기를 원하는가
먹을 것 마실 것인가
부귀영화 명예 권력인가
그녀는 그 헛됨 아는가

생명 나뭇잎 가지 머물고
생수 마시길 간절히 바라는 눈 속
인간 눈으로 다 알 수 없네.

행운목

행운목 쑥쑥 자라고 있다
아비 가지에서 뻗어 커가고 있네

너 행운목의 잎 크고 환히
하늘 향해 웃는 모습 좋구나

아무 말 없이 당당히
순종하며 사는 너 아름답네

흙 뿌리내려 외치며 힘차게
살고자 얼마나 몸부림쳤는가

난 너 행운목이 좋다
너 속 생명력 태초 섭리 씨 빛 담겨

하늘 향해 찬양하니 참 아름답구나
네 모습 속 나 보니
아름다운 생명 나무 같구나

바람이 불고 번개가 쳐도 아파도
놀라지 말고 쑥쑥 자라나서 말하여다오
"사랑한다 감사한다 은혜로 너, 세상 이겼다"고.

시계 줄

시계 연결하는 줄 고리 떨어져
이 주간 그냥 시계 차지않았네

내 시계 줄은 그냥 비닐 가죽
별 볼품없지만 자기 몫 하네

시계 없이 잘도 살았는데
시계를 보고 잘 살아가는데

시계가 본질이고 시계 줄은 보조인데
보조가 떨어져 본질 힘없네
보조 왜 떨어졌나

시곗줄 떨어지니
시계 주머니 속에서 시계 보네

난 시계 따라 일어나고 사역하네
시간 속 허용된 생명 제한 아네

오늘 시곗줄 고쳤네
갈 길과 그 길 위 때 알려주네

시계와 시곗줄은 동역자이네
서로 협력해서 생명 살리길.

안경

짝짝이 좌우 눈알,
균형 잡아 선명하게 보게 하니
감사하네

종일 일한 안경도
피곤한지 책 옆에 누웠네

새벽녘엔
내 친구 안경,
또 나를 새 힘으로 일으키겠지

세월은 천천히 변하는데
눈은 언제부터 이리 짝짝이가 되었나

이제는 내 친구 안경 통해 보고,
안경 옆에 누워,

사랑의 주님
내게 심령의 눈 선물하셨네

안경 너머로 아름다운 꿈,
더 열린 세계 보게 하셨네.

물망초

사랑하는 자가 원하니
내 무엇 못하랴
저 별도 달도 다
사랑 꽃님 때문에 지었는데

다섯 꽃잎 오각형
물망초야 너, 단아하고 아름답구나

이 새벽 내게 다가와
나를 잊지 말아달라 하네

내가 너를, 네가 나를
어찌 내 사랑하는 자, 잊을까
사랑하는 자녀, 잊을까?

눈망울은 하늘 바라보고
하늘도 너를 택했으니

사랑하는 자야, 아이야, 일어나 함께 가자
봄이 왔고 들판에는 빛으로 가득하니
일어나 우리 함께 가자.

손자 손녀 봄놀이

손자 손녀 봄놀이, 담은 사진 보니
늠름하고 아름답구나
잘 놀며, 잘 자라나고 있구나

순간 나, 시간 여행 가네
아내와 함께 어린 딸아이
안고 갔던 봄나들이, 떠오르네

주말이면 들과 산, 강과 바다
저마다의 추억 그림, 떠오르네

그 시절 세상 고뇌, 바쁜 일 속에서
아이들 성장과 웃음, 감사했었지

훗날 내 아이의 아이들과 그 아이들이
봄나들이 갈 때쯤 나 어디 있을까
생각하며 기도 올리네

주의 자녀들,
하나님 경외하는 지혜 주시고
축복의 기업 되게 하시고
은혜로, 복음 전하는 축복 주소서.

오르는 거북이

어항 속 거북이 양발과 양다리로
벽을 오르고 오르고자 하네

조그만 눈을 떠 위 바라보며
어제도 오늘도 오르고 있네

저 거북이 시도 때도 없이
왜 올라가는가

먹이 찾으러 가는가
먼 세상 여행하고 싶은가
높은 자리 앉고 싶은가
거북이 이름 알리고 싶은가

오리고 오르는 거북이
어느 날 쑥 자라고 있네

거북이도 자기 뜻 이루는데
오늘 기도 속 세미함 듣게 하소서

종의 소망은 주께 있사오니
주 영광 바르게 보고 듣고 전하는
입술에 권세 능력 은혜 주소서.

저녁놀 사랑

저녁놀이 붉은빛으로
저 산을 넘는다

오고 가는 비행기
공간, 시간 넘는다

기다린 사랑은 세월만큼
흰 머리카락을 남긴다

인생 여정 곤한 짐 풀 때,
또 하루 휙 휙 휙 지나가네

석양빛 바라보며
두 손 모아 기도할 때,

새벽을 준비한 저녁놀은
사랑스러운 음성으로 나 깨우네.

가을비 길

가을비 내리네
지난날 조각들이 쏙 지나가네

커피 한 잔 놓고
갈 길을 묻네

이 비 그치면 가는 길
자연의 빛깔 변화겠지

그 길 위에
너와 나 벗 되어
그 길 거리낌이 없길

가을비는 생수 되어
갈 길 생기게 되길.

송편

팥, 콩, 깨의 소(素)로
자기 모양 빚어진 송편 보네

빚어져 담긴 송편에서
한가위 달, 은은한 빛 보네

어릴 적 어머니는 사랑 손에서
꽃처럼 빚어 피어나게 하시고

아버지는 사랑 불로
모양대로 익혀지게 하셨지요

오늘 빚어진 송편이
쟁반 위에 놓일 때

지난여름 고난 과정 거쳐 온
이 땅 아이들 자라나고 있고

자기 빛깔 송편처럼,
속에 꿈 담은 내일을 가꾸는 그 아이 안에

가을 하늘 담긴 한가위 달 모양,
아이 활짝 웃음, 총명한 눈 보이네

활짝 웃는 아이는 감사라, 은혜라.

청포도

한가위 청포도 한 알,
머금은 입가는 내 고향 삼키며

순간 고향 금정산 오르니
바람 내려 소년 얼굴 스치고

바위 위 소년의 외치는 소리,
60년 지나 산울림 들려오네

저 일제 강점기 이육사 청포도,
그는 왜 청포도를 노래했었나

시대의 아픔 이겨내신 부모님들,
배우고 연구한 기술들 풍성해,
포도는 샤인머스켓으로도 되었네

이 시대 청포도는 새롭게 되었네
새 시대 갓 돌 지난 아이 입속,
한 알 가득 새로움 노래해

하늘은 시대와 때 따라
청포도 열매 주시니 감사해

알알이 꿈들 맺혀지길 소망하네
알알이 감사찬양 하네.

심학산에 올라 1

비 지나간 심학산
오랜만에 호흡으로 오르니

궁중 학이 날아서 앉은 곳
임진강 유유히 한 강으로 흐르네

하늘과 땅 만나는 그곳 경계선에
바람 속 홀로 서 눈 감아 기도하는

나그네, 지나온 시간 벗들 얼굴 지나
소나무 가지 위 놓인 한 잔

그 커피 마시고, 긴 큰 숨 내쉬며
하늘 창 바라보네.

심학산 오르며 2

조그만 동네 파주 심학산
토요일 오르네

오가는 객들 속
잔잔하게 길 걷네

임의 속 무슨 생각이뇨
비우기 위해 오르는 길이라

비탈길, 숨 가빠오는 숨소리
내 속 헛됨에 나오는 소리라

북에서 남으로 흐르는 한강
동에서 서로 쓱 흐르는 구름

한 소나무 위 솔잎은 흔들리고
한 나그네 숨 속 토해 비우고
빛나는 하늘 바라보네.

제4부 서사시

모세의 노래(신 32~34장 중심)

"축복인가 저주인가?"
모세의 교훈,
내 마음에 내리는 단비 같구나

거짓 없는 공의로운 하나님,
옛날을 기억하라
역대의 역대를 생각하라
여호와 하나님, 홀로 인도하셨네

하나가 천을 쫓으며
둘이 만을 도망하게 하신 여호와라
너희는 말씀을 지켜 행하라
나 외에 다른 신 없노라, 말씀하시네

목사는 언제나 떠날 준비,
죽을 준비,
설교할 준비하여야 한다네

모세는 자신 죽음의 때 알았네
모세 죽기 전

그 자손 각자 위한 축복은
종존 보존, 통치권, 영적 지도자, 사랑,
물질적 풍요, 진취적 무역업, 평온함,
광대한 영토, 계략과 용매, 풍요, 옥토의 축복이라

여호와의 구원을 받고 전하는 너,
행복한 사람, 행복자 되길
모세는 행복 전하는 자 되길 기도했네

여호와를 대면한 모세,
믿음으로 사명 감당하고 기력이 쇠하지 아니하나
사명을 다했으니,
세상에 있지 않았네
모세의 노래가 들리는 날,
뜻 듣고 가슴으로 기도하네.

생명의 떡 예수 만나라

세상 부도덕한 헤롯 왕의 나라 있고,
광야에서 보이신 하나님 나라 있구나
대비되는 나라 사이 서 있는 사람 있네

인생길에 오병이어 사건, 무엇인가

모세의 떡이 아니라 하늘 생명의 떡 먹어라
하나님께서 보내신 예수 그리스도 믿는 것,
이것이 하나님 일이라 하시네

그 제자들은 이 말씀이 어렵도다
누가 알아들을 수 있느냐 하네
그 말 믿지 않으니 떠나려 하네

예수님 배 타고 뱃새다로,
밤 사경 새벽 3시쯤
기도하려 산에 가시네
갑자기 분 강한 바람에
제자들 노 젓지 못하네

인생길에 풍파 만날 때, 넌 어떠한가

그때 예수님, 말씀하시네
안심하라 두려워 말라
인생길에 어려움 있네
예수 만나라
예수 안에서 구원 영생이라

게네사렛 땅 내려
병든 자 고쳐 주시네
긍휼의 목자 예수여

자녀들 어머니 주 백성
구원하고 치유하며 부하게 하신 주님

생명 예수 그리스도 만나라
예수 알고 생명의 떡 먹으러
찬양 존귀 영광 드리세.

삼손

열두째 사사 삼손 나오는 때,
이스라엘 여호와 앞 악 행했네

마노아 경건한 부모
여호와 사자 만남은 블레셋에서
자기 백성 구원하기 위함이라

삼손 성숙하지 못해
사명 감당 못하는 행위도 하지만
말미 삶 어떠한가

할례받지 못한 여인 탐하고
들릴라의 꾐에 나실인 머리 위 삭도,
삼손 스스로 여호와 영 사라짐을 모르니

영이 임할 때, 삼손 블레셋 물리쳤네
나귀 새 턱뼈로 천명 죽이는 힘과
샘 엔학고레 생수 주었네

그런데 여인 기생과 들릴라로

블레셋으로 삼손 넘겨진 기록 있네

늦었지만 여호와께
삼손 뉘우치며 부르짖어 기도하네

"주 여호와여, 나를 생각하옵소서
하나님이여, 구하옵나니
이번만 나를 강하게 하사
나의 두 눈을 뺀 블레셋 사람에게
원수를 단번에 갚게 하옵소서"

인간 유혹 욕망에 스스로 망하나
옥에서 맷돌 돌리며 머리털 자랄 때
하나님 아버지께 기도하였다네

삼손 믿음의 사람 되었네

세상에서 사명 감당해야 할 자여
세상에서 유혹 이겨야 함 알아야,
이기는 자로 승리하길 기도하네.

때

때, 때, 때, 때가 있다네

섭리 예정하실 때
태어날 때, 살아갈 때
부르심 응해야 할 때

전도자 코헬렛은
헛되고 헛되며 헛되고 헛되니
모든 것이 헛되다고 전하네

즐거움도 수고도
지혜자도 우매자도 헛되니
하나님을 경외하라 전하네

지금 때, 때, 때 어느 때인가
호흡하는 때,
자신 알고 열심 다해라
하나님의 열심에 감사하여라

겨울 지나 봄, 만나주시고

이 땅 살 땅, 거처 주시고
말씀 은혜 주시고,
잘 살아가라 하셨네

깜깜한 길에서도
춥고 외롭고 배고플 때
진리의 길, 빛으로 인도하시네

가정을 이루게 하시고
배우게 하시고, 일 주시고
그리고 때에 부르심 감사하네

저 창공의 새도 때 따라 길 가니
나의 갈 길,
주님의 때, 때, 때, 알기를,
간절히 참 소망, 기도하네.

성경 지혜서 원리

지혜서는 말씀하시네
창조 원리대로
하나님 경외하라

하나님 우선순위
하나님 말씀 순종하라

모든 영역에서 경외하라
허무하게 느낄 때도 경외하라
고난 중에도 경외하라

잠언 가르침 지혜란
여호와 경외라
지혜는 풍성한 삶, 생명의 길
거부함은 멸망의 길이라

부부간 사랑은 창조 원리며
감사 찬양할 하나님 주신 선물
진실한 사랑, 숭고함 돕는 배필

그리스도의 교회 관계라

하나님 온전히 사랑하라
헛된 우상 멀리하며 멸하라

죄로 인한 타락으로
모든 수고가 공허함 헛됨 보이나
그 헛됨 너머, 하나님 경외하라

시간과 세상, 부, 정치, 죽음,
신앙생활 삶도 헛되네
있는 대로 받아들이고 살아야 할 텐데

해 아래의 유한 삶, 감사함으로 살라
죽음을 생각하고 은혜 붙들어라
해 위, 영생 주시는 하나님 경외하라

하나님께서 계시하셨네
예수 그리스도 십자가 부활이라

어떤 상황에서도 하나님 경외하라
고난 뒤 사탄 배후 있으니

하나님 때, 사탄 심판할 것임이라

하나님 세상, 어떻게 통치 묻지 마라
사탄의 목소리 들릴 때
하나님만 아시니, 기도로 나아가라

사탄은 인간 불신 거짓말하나
고난 탄식 기도하며 나아가며
믿음을 고백하며 하나님 경외

믿는 자, 순례의 길 가네
하나님은 인간이 이해할 수 없는
지혜로 세상 통치하시니

자연 세계와 자연 세계 너머
악의 세계, 모두 하나님 통치 아래
인간 접근할 수 없는 영역 있으니

고난과 악의 문제, 공허한 죽음
십자가와 부활로 해결하셨네
그러므로 끝까지 하나님 경외해야 한다.

네가 어디 있느냐 1

하늘에서 다 알고 있다
너 어디 있는지

아담에게
네가, 어디 있느냐
벗어 두려워서 숨었나이다

버가모 교회에게
네가 어디 있는지 안다
거기는 사탄의 권좌이다

뱀 사탄은 교회가
떠내려가도록 하며
용이 남은 자와 싸우려고 하네

세상 잣대 허상이니
세상 권력 숭배, 음행 우상,
경험, 지성, 재물에 넘어지지 마라

유혹하는 자 삼킬 자와
힘써 싸워서 이긴 자 되어야

날 선 검 말씀과 보좌 향기 기도로

핍박과 고난보다 더 무서운 것
유혹이네! 너 어디 있느냐

발람 음행과 니골라당 영지주의
말 멀리하고 멸하라
회개하라 성령의 말 들어라

주여, 성령이여 아버지여
하나님 자녀로 살아가도록
하늘 보좌, 은혜 주소서

이기는 자 증표 만나 영생 주고
흰 돌 주리라
죗값 치른 예수로 하나님 자녀 됨
예수 구원하심이라

너와 나, 어떤 교훈으로
너와 나, 어디에서
무엇을 지니고 있는가.

네가 어디 있느냐 2

주일 아침, 주님이 부르신다
"네가 어디 있느냐"(창 3:9)

"네가 어디에 사는지 내가 아노니"(계 2:13)

사탄 유혹, 권좌 알고
믿음으로 영적 전투 이겨라

헛된 권세와 우상숭배, 이단
거짓 가르침, 음행 싸워 이겨라

좌우에 날 선 검을 가진 이가
회개하고 말씀 검으로 이겨라

생명 떡 예수 그리스도 만나 먹고
잃어버린 생명 나무 열매 구원
영생 새 이름 적힌 흰 돌 받아라

주님 은혜 충만한 예배, 주일
죽음 이기고 승리하신, 이기신 예수 만나라.

이스라엘 절기와 복

이스라엘 절기 지켜
하나님 기억하게 하는 교육시스템이라네

과거 역사 구원에 관한 교육,
앞으로 구원할 역사 교육이네

절기 지켜가는 교육으로
하나님 나라 완성, 뜻 담겨 있네
예수 그리스도 구원과 재림까지

유월절 무교절 초실절
칠칠절 오순절 맥추절
나팔절 초막절 장막절 수장절
여호와 절기, 모세가 공포했네

오늘은 한국 대보름
인간 군상들 복을 비네

아브라함의 복 무엇인가
열방 하나님 자녀 되는 복이라

대보름달 복, 민족 소망 세상 악제하는 복이네
너와 나, 하나님의 복이 되기를.

제5부 신앙시

생명 나무 찬양

창밖, 나무 서 있네
저 나무, 누구 무엇 기다리나
땅 위에서 하늘 보며 서서

아름답고 먹기 좋은 나무
하나님과 어린 양의 생명 나무
선악을 알게 하는 나무 있다네

먹어도 되는 나무 열매
먹어야 하는 나무 열매
먹어서 안 되는 나무 열매 있다네

사랑하는 자녀들아, 벗들이여
나무를 분별하는 지혜 있길 바라네
동산의 나무, 강물 흐르네

거기 서 있는, 너는 어떤 물 마시는가
주님 주시는 말씀, 생수 마시길

주님의 나무에 가지로 접붙여
주 성령 열매 맺는 은혜 있기를

세상 속에 살되 세상이긴
생명 나무로 열매 맺길

주 예수여, 어서 오시옵소서
오직 하나님께 영광 드리세
생명 나무 열매 상급, 알게 하소서.

읽고 행하고 가르치라

하나님 법 읽고
항상 지키라
너희 자녀들에게 가르치라

하나님의 역사 보았으니 지키라
우상, 다른 신을 섬기지 말고
죄짓지 말고 두려워 말라

복과 저주 너희 앞에 있으니
법 알고 지키고 가르치라

차지할 땅, 하나님 인도하니
경외하며 다른 신, 섬기지 마라

하나님 함께 하심 알고
그 명령 따라 살고 자녀들에게
하나님 존재와 사역을 가르치라

출애굽 광야 가나안 땅 앞
모세는 새 세대에게 말하고 듣게 하네
그 음성, 이 시대의 말씀으로 들리게 하소서

나의 나됨, 주님 은혜라
율법 완성한 예수 그리스도
읽고 행하고 가르침 통해
믿음으로 진리 사랑 참 소망 이루어 주소서.

떡 하나

배에 떡 한 개뿐이라
떡 없음을 걱정하네

절망 가운데 있는 제자들,
왜 낙망하고 있느냐 하시며
자녀를 위하여 먼저 준비하신 주님

모두가 먹을 수 있는 떡 있다네
예수 그리스도, 생명 떡 먹고
능력 받고 감사하며 복음 전하세

보고 들음, 분별 지혜의 떡
눈 열리고 듣고 말 열리고
세상 빛, 생명의 떡, 감사하세

한 개떡, 일곱 광주리 되었네
깨닫는 은혜, 감사로 나누세

겨울 지난 생명 나무,
생명 떡 한 개로부터
생명 열매 풍성하길 기도하네.

안식

주일, 안식이라
안식, 어디에서 오는지 묻네

둥지 만들고 이루는 저 새야
주일 둥지에서 오늘은 무엇하나

땅의 죄악 세상 새와 자연까지
죄에서 구원하고,
안식을 주심에 감사

어둠 밝히는 불 내려
성령이여, 바람같이 충만하게 하사
주님 자녀들에게 등불 켜 비추소서

두려워하는 영혼과
아파하는 육신, 고쳐주시고
새 힘, 참된 믿음 주소서

독수리 날개처럼 오르게 하시고
은혜로 매일의 안식 이루도록
간절히 하늘 향해 기도하네.

갈대

사춘기 소년 갈대 보네
산에 핀 갈대
그 갈대 자라고 있네

바람에 흔들리는 갈대
상한 심령 안고 쓰러지는 갈대

갈대 그대 오늘 무슨 생각 하느뇨
갈대에 적힌 말씀 보고 기도하네

말씀이 육신이 되어 오신 주님
십자가 향해 예루살렘 올라가시니

길 가 보는 자연 속
주님 반기는 그것 무엇인가

흔들리는 저 갈대
기준 되어 세상 유익 되길

세상은 악하고 곤하나
하늘 맑고 예배 기도 향기 닿으니

독생자 예수 빈 들에서
땀 핏방울 되는 기도하시네

갈대야 바람에 휘어질지라도
너는 너의 사명 다하거라

말씀 기록되고 증언하니
이기는 자 축복하라.

수요 저녁기도

주님 걸어가신 고난의 길,
묵상합니다

오늘 하루 깨우신 새벽부터 저녁까지
동행 감사합니다

종의 눈물 기도 기억하사
아프신 어머니 고쳐 주심
감사합니다

새벽 기도의 외침, 들어주소서
신실한 하나님의 자녀 기도 음성,
말문을 열어주옵소서

하나님, 전에도 계시고 지금 계시며
영원히 함께하실 주님
믿음 고백하오니, 영광 받으소서

수요 저녁, 기도 드립니다
하나님 만나주시고 알게 하옵소서
지금 구원하소서.

짜장면

한 끼 금식할까?
왔다 갔다 하는 중에

눈에 스친 짜장면
바로 물 넣고 불붙이고 넣었지

짜장면 지난 추억으로
순식간 끌고 갔네

공부하며 배고픈 때
일할 때 힘이 된 짜장면

지금 이 짜장면 한 그릇도
물과 불이 있어야 하고
적정 온도 시간 필요한데

입만 살아 먹기만 하는 인생에
세상이 말하는가? 짜장면값이라도 하라고

광야에서 만나 먹었던 그때 무엇 했나
먹다 죽은 인생들이여~

오늘 이 짜장면으로 호흡하는가
살아있으니 짜장면 만드는가

이제 일어나
사명 말씀 따라 요단 건너
가나안 땅 하나님 나라 들어가세.

찹쌀떡

빵 사러 빵집 갔다가
돌아서는 사거리 모퉁이

떡집 있어 떡 보고
들어서니 찹쌀떡 있네

중학생 시절
온천장 집 책상 창가로 스며든
"찹~쌀~ 떡!" 소리 들리네

잊힌 사진이
내 귓전 들리니 나이 들었는가

떡집에서 추억들,
집에 와서 기도하네

만나 떡, 주 예수여
호산나 지금 구원하옵소서.

눈 1

어릴 적 안 보일 때
아버지는 안경 사주셨지

학교에서 안 보일 때
앞에 앉았다네

직장에서 안 보일 때
보일 때까지 일했지

눈 아프고 잘 안 보일 때
어찌할까 하며, 그렇게 살아
그냥 지냈었지

눈을 감고 기도하네
쇠하지 않게 하소서
주여, 육신의 눈 고쳐 주소서

눈 감으면
주님 말씀 기억하게 하소서

주님 계시, 환히 보이도록
영안 활짝 열어주소서.

눈 2

눈이 내리네
천 년 전에 내렸던 눈이다

하늘에서 내리네
세상에 복 주려고 지금 눈,
내려주시고 있네

연수 되어야 노래 부를 수 있는가요
어린아이도 부르는데

눈은 천상 천사의 청아 소리 타고,
불같이 바람같이 내려와 들려오나

어머니, 지금 눈이 내려요
꽃 피우는 봄맞이 눈, 내려요

하늘 너머 하늘에서
이 땅 눈 내려,
봄에 생명 꽃 피우고자 하시네.

눈 3

어린 소년
하늘 눈 아름다움
맞고 뛰며 기뻐했었지

그 소년 노인 되어
한해 끝 하얀 눈 보고
창가 젖은 눈 눈 눈물 흐르네

창밖 내린 눈
뜨거운 한 잔 커피 눈에 녹아
인생 깊이 더하여 쓴 향기 오르네

하늘 눈 본 그 소년
새해 새 소망 새 노래를 부르네
손자 손녀 눈 속, 찬양 소리 들리길,
두 손 모아 기도하네.

대속

레위기 말씀하네
피를 먹지 마라
육체의 생명은 피에 있으므로
피로 죄가 속하니라

피 제단에 뿌려 너희 생명 속죄
생명이 피에 있음이라

그리스도 십자가 흘리신 피

아론이 제비 뽑은 염소로 속죄제 드리고
아사셀을 위하여 제비 뽑은 염소
산 채로 여호와 앞에 두었다가 속죄하고
아사셀 광야로 내보낸다

아사셀 속죄일에
이스라엘 백성 모든 죄를 지고
광야로 가는 염소를 보라

만왕의 왕 예수님, 우리 죄를 지고
성문 밖 골고다에서 달리셨네.

교회와 목회

천지 만물 지으신 하나님,
가정 만드시고
이 땅에서 잘 살아내라 하셨네

세상에서 죄진 인간 위해
육신으로 오신 하나님 예수,

예수 십자가와 부활, 승천 하늘 보좌에
자기 백성, 자녀들 구원 이루시는 예수

예수님 증언하는 성령,
예수를 믿고 따르는 이 땅의 교회라

예수 그리스도는 교회의 머리,
그리스도 닮아 가는 것
몸의 지체들 연합 하나 된 공동체

삼위 하나님 예배 말씀 기도로
하나님 나라 백성, 자녀 되어

구원받은 거듭남 성령의 사람
복음 전하는 기쁨 충만하여
하나님께 영광

하나님 사랑 이웃 사랑
사귐 교제 나눔이 교회의 목회라

교회는 예수님 이야기하고
예수님처럼 지혜 성품 닮도록

목회는 예수님 전하고 가르치고
양 무리 예수님 안에 살도록

기도하며 예배 말씀 전함,
사랑 은혜 나눔이라

이 땅 떠날 때 천국
하나님 안에서 연합되어
영생을 누리도록 하심이라.

하나님 찾아오심

봄 여름 가을 겨울
자연의 이치 속에 뜻 다 알 수 없어

직접 찾아오신 하나님
역사하시고 하실 하나님께서
인간에게 성경 말씀 주셨네

이는 더 효과적 계시이며
올바르고 확신한 표준으로
교회 통해 가르치도록
교회를 위해 계시해 주셨네

성경 통해 창조 죄 구원 역사
하나님 친히 입을 여셨네

선택받은 자 통해 듣는 자,
듣고 깨닫는 은혜로 내적 인식하여

하나님을 알게 하시는 하나님,
기도하오니 하나님 만나는 은혜 주소서

찾아오신 주님 만나길
봄 여름 가을 겨울 너머 구원받은 자, 복 있어라.

열심

어떤 일에 정성 다하여 마음을 힘쓰는 열심이라

열심 중에서 열심, 하나님의 열심
하나님 주신 힘으로 인간의 열심

세상과 인간을 만드신 열심
자기 형상 모양, 영혼과 지정의 주신 하나님

하나님 뜻대로 살도록 말씀,
함께 하시고 인도하시는 하나님 열심

가난한 자녀, 연약한 자녀,
조금 부족한 자녀, 고통받는 자녀,
구원을 이루시는 열심

역사 속에서 자기 보이시고,
아들을 십자가 내주시고, 궁극에 다시 살리신 열심

다시 오신다 약속, 언약하신 열심

이에 동역하도록 부르시고
보이시고 깨우치게 믿음 주신
성령의 인치심, 그 열심
그 열심에 순종하여 주의 종, 오늘도 기도드리네.

양화진 단상

양화진, 천국 가신님
이 땅에서 기념하고 기억하네

시공간 초월하여
오신 예수, 그 말씀대로
십자가 복음 전하신 님

척박한 한국 땅,
자기 십자가 지고
예수 그리스도 따르셨네

다른 환경, 질병 속에서도
십자가 사랑으로
자신을 던져 복음 전해다네

그분들이 가신 길,
예수 안에서, 그 길 위,
나 온전한 마음으로 가고 있는가

묻고 기도하네.

경건을 위하여

주께서 외식 꼬집고 가르침 주시네

손 깨끗하나 마음 더러운 자들,
진리 거절 관습 수용자들에게,

썩어질 더러운 떡 먹을 것 아니라
하늘 참된 생명의 떡,
예수 그리스도 먹으라 하셨네

거짓 가르침 멀리하고
하나님 사랑, 이웃 사랑 이루라

사람의 부정함은
외부가 아니라 내부라고 가르치네

올바른 경건 이루도록
말씀 먹고 기도하게 하소서.

별 노래

어두운 밤
세상 밝히는 별 보네

내 마음 별과 같이
아픈 이를 위로 노래하고
떠난 가수도 있다네

한 점 부끄러움 없기를
소망한 시대의 별,
바람에 스친 시인도 있었다네

이 시대 오늘 저 별,
하늘이 이 땅 밝혀주시네

많은 이에게 복음 전하는 지혜자,
별과 같이 영원하리 하시네

마지막 때 기다리는 선지자,
은혜로 주신 몫 간직하게 하시네

나는 어떤 별이 되고 싶은가
주님 영광되는 칭찬받은 별.

그리움 1

슬그머니 그리움 찾아올 때,
밤이 되면 그리움 더 깊어져 가네

태초 그 혼돈의 때에
그리움도 있었을까

첫 그리움이 오는 그때
그 밤에 허전함도 찾아오고

그리움에 비어있는 공간 속
두려움으로 간절히 기도하네

살아가는 땅의 소망 기도
향기로 하늘 보좌 오르네

통화하고 싶은 마음
그 안갯속 마음
그리움의 그 마음 밭에

기도로 생수 한 모음으로
그리움의 갈증 채워주소서

님 생각하니 그립네
님 그리우니 가을인가 보다

한가위 달은 그리워서
그리운 님 향해 둥글게 차올라
그리운 님을 환히 비추어 주네

그리움은 기도되어.

그리움 2

주일 예배드리고,
장모님 입원 병원 다녀와서
조금 전, 핀 봄꽃을 보게 되니
불현듯 밀려오는 그리움

아버지 어머니, 뵙고 싶어요

아버지, 한 끼 식사
혼자 해결하고 커피 마셨어요
의사 되었으면, 혼자 생각해 봐요

어머니, 낙동강 강가 보며
나누었던 세월 그때는 잘하는 줄 알았어요

주여, 종 불쌍히 여기소서
그리움, 거름 되어 꽃 열매가 맺게

눈을 밝혀 주님 보며
인도하신 그 길 가도록 도와주소서
하나님 기쁜 종이 되게 하소서.

기도

주여, 인생 깊은 어느 가을
돌보는 이 없는 공허한 밤
늦은 비 갈망, 간구하오니

과거 상처나 현재 아픔과 피,
주 능력으로 싸매어 주소서

다니엘과 에스겔의 환상처럼
죄악 보시고, 아버지 뜻 따라
십자가 지시고 살리셨네

다시 오실 주님, 생육하고 번성하여
주 자녀, 참 교회 이루게 하소서

마른 뼈가 살아나듯 생명으로
주님의 기업, 이어가게 하소서

밤 지난 새 새벽을 열어주시며
인생 늦은 비 은혜, 넘치게 내려
만물 소생하여 주 영광되옵소서.

제6부 종말시

인천공항

공항 가는 길
바다를 가르며 열린 길, 차는 가네

차창 너머 하늘과 공기
세월 냄새가 들어 오네

먼 곳으로 떠나는 자와
먼 곳에서 돌아오는 자
그 만남 공항의 군상들 속에
난 긴 여행 마치고 오는 형제,
반가움에 뛰어가 포옹하였네

문득 내 천국 가는 날
주님 환하게 맞아 주시는 모습
그 그림을 보네

이 긴 인생 여행길
지치지 않고 사명 감당하길

홀로 뇌 아리네
나는 어디 서서 어느 길로 가고 있는가
주여, 종을 깨우며 인도하소서.

사데 교회

하나님의 영이 네 행위를 아노니
네가 살았다 하는 이름은 가졌으나
죽은 자로다

너는 기억하라
어떻게 복음 받고 들었는지
생각하고 회개하라
아직 살아 있으니 회개하고
돌이키라는 말씀인데

회개하지 않으면 예기치 않을 때
심판받을 수 있다 하시네

더러움 벗게 함은 주님이시라
악에 이기는 자 흰옷 입으면
생명책 남아 인정해 주신다네

잘 살던지
현재 고난 중이던지
깨어 있어라

들을 귀 있는 자는
성령이 교회에 하신 말씀 들어라

사데교회는 생산 중심지로
부유하게 살며 환란이 없으니
사치와 음란 도시되었다네

교회는 평판과 외형이 아니라
순결하게 하나님 앞에 인정받아야
비록 적을지라도 기쁨 되게 하소서.

나무

창밖 나무 서 있네
저 나무 누구 무엇 기다리나
땅 위에서 하늘 보며

아름다운 먹기 좋은 나무
하나님과 어린 양의 생명 나무
선악을 알게 하는 나무

사랑하는 아이야
나무 구분하는 지혜 있길 축복한다네

나무 동산 강물 흐르네
너 어떤 물 마시는가
주님 주시는 생수 마시길

주님 나무에 접붙여
성령 열매 맺는 은혜 주소서
생명 나무 열두 가지 열매 맺길

주 예수여, 어서 오시옵소서
주일 예배 하나님께 영광 드리며
나무 열매 상급 다름 알게 하소서.

그날이 오면

그날이 오면,
가게 되리라

그날, 장막을 벗을 때,
은혜로 세상 너머
저 하늘 문 들어가리라

내일 알 수 없으니
그날이 오기 전
오늘 주신 사역

눈물로 최선을 다하는 힘,
믿음, 능력 주소서

주께 예배하며 말씀 전하며
두 손 모아 기도하게 하소서

그날이 오기 전,
할 일 하는 지혜,
늦은 비 성령 부어 주소서.

메멘토 모리

죽음을 생각하라
너도 반드시 죽음을 알려 주시네

어느 날 아침, 바람처럼
부름을 받은 동료 소식,
어느 오후에 사역하는 중
불같이 부름받은 사연도,

때 모르는 부름을 받지 않도록
주의하라 음성 듣게 하시네

돈, 권력, 연수, 젊음, 지식 자랑도
헛되고 헛내며 헛되니 헛되도다 하시네
하루가 천년 같고 천년이 하루 같고
또한 내일 일 알 수 없으니 헛되이 보내지 마라

낙엽은 자력으로 떨어지지 않고
죽음은 스스로 알 수 없으니
하나님 사람에게 죽음 후의 삶
이후의 삶 있음을 알게 하소서
죽음 이기신 말씀, 뜻 알게 하소서.

국제공항 도착 입구

환호하는 공항 입구,
만남 장면들 순간 인생길
알알이 맺어 보여지네

긴 기다림 그리움 너머 본 만남
터지는 반가움 인생 기쁨이라네

나그넷길 위에
어디서 와서 어디로 가는지
알고 싶어라

정체성 찾는 형제 핏줄들
저마다의 길, 복이 되어라

본향 향하는 한 나그네는
언젠가 그 하늘 문 들어갈 때

주님 영광, 참 소망 간직하며
면류관 받는,
칭찬받기를 원하네

큰 숨 쉬며 그때 그리며
오늘도 전하며 증거하네.

시평

인생 생명 말씀 중심의 언어미학
- 김영규 시인 첫 시집 〈새벽에 핀 장미꽃〉 시해설 -

오동춘 문학박사 문학평론가

김영규 시인은 경남 양산에서 태어나 부산에서 성장했다. 부산에서 초중고교 대학 대학원까지 다 마친 부산대학교 공학박사이다. 주요 기업체 중견으로 사회활동을 활발하게 하다가 부산 브니엘 중 고교 기독교 학교에서 십자가의 길로 기도해 온 김영규 목사 시인은 지금 파주에서 개척교회 목사의 길을 믿음 소망 사랑 넘치게 시무하고 있다. 근래 〈쉴만한 물가〉 문예지를 통해 등단하고 그간 문예지에 발표한 작품과 창작해 둔 시작품 105편으로 첫 시집 〈새벽에 핀 장미꽃〉을 상재하기로 했다. 나름대로 아침시 계절시 서정시 서사시 찬양시 종말시 등으로 시의 내면을 분류했다. 말씀 속에서 찾아낸 시어를 선택하여 신앙 의식의 언어미학에 기쁨이 솟구치는 시를 105편 창작했다. 이 105편의 시작품을 다음과 같이 5개 분야로 내용을 분류하여 김영규 시인의 시창작 세계를 살펴보기로 한다.

1. 자연스런 영감 지배의 시적 감각미

김영규 시인이 아침시로 밝힌 22편의 시 가운데 시인이 가장 먼저 창작했다고 머리글에서 밝힌 〈딸에게〉의 시 세계를 살펴보겠다.

애야 기죽지 말아라 / 하늘을 보아라 / 하늘 아버지가 준비해 두셨다
애야, 성경보고 기도하여라 / 거기에 갈길 기록해 주셨다
– 〈딸에게〉 일부 –

이 시는 부녀간의 사랑 이미지가 잘 부각되어 있다. 삶에 기죽지 말고 어떤 고난도 기도와 믿음으로 물리치고 인생의 나침판인 성경 말씀 따라 십자가의 길을 잘 걸어가도록 딸에 대한 아버지의

훈계가 직설적 표현으로 감동을 환기시켜 준다. 부녀간의 마땅한 보편정서가 감각적 언어 구사로 시의 미적 가치를 잘 높여준다.

김영규 시인은 시편 57편 108편에 나오는 "새벽을 깨우리로다"를 시적 영감의 중심을 잡고 "새벽" 시어가 구사되는 작품을 8편을 창작했다. 다른 시에서도 내용에 성령이 새벽을 깨우는 이미지가 한편의 여문 알곡시를 낳고 있다. 현대인의 대화 매체로 서로 나누어 마시는 "커피"시어가 "새벽" 시어와 조화를 이루는 작품도 〈새벽 커피 한잔〉〈1〉, 〈2〉, 〈3〉으로 3편이 연작해서 창작되어 있다. 새벽기도의 자세에서 따뜻한 커피 한잔은 믿음을 돋구는 벗이요 기도의 촉진제도 될 수 있다. 밤 지나 여명까지의 산뜻한 새벽의 시간 공간이 가슴을 따뜻하게 머리를 맑게 해 주는 커피 한잔과 함께 은혜로운 신앙 분위기를 조성해준다.

새벽을 깨우며 커피 한 모금 마십니다

내 영혼 깨우시고 / 생명의 주 향하게 하시니 /
믿음 더욱 굳건히 은혜 주옵소서

아버지여, 호흡속 기도하오니
종의 기도 향기 올리오니 받아주소서

이 땅에서 종이 지은 죄, / 자녀들의 죄, 모두 용서하여 주소서
언약의 주여, 기억하사 구원하소서

헛된 매일에서 구원하사 / 예수 그리스도 안에서 살아가도록 /
새 영, 새 힘을 부어 새롭게 하소서

깊은 아픔 쓴 뿌리 치유하시고 / 봄날 새순처럼 일어나게 하시고
주 찬양하게 축복하소서

주안에 복음 전하는 행복자 / 하나님 모습 만방에 전하게 하소서

커피 한 모금 마실 수 있음에 / 감사하며 큰 호흡하네.
　　　　　　　　　　　　　　－〈새벽 커피 한잔〈1〉〉 전문 －

희망의 아침을 몰고 올 새벽과 그 새벽 시간에 커피 한 모금의 한 잔에서 시인 자신과 자녀의 용서까지 비는 김영규 시인의 열열한 신앙고백이 직설적 기도형식으로 한편의 신앙 목적시로 승화시켜 읊었다. 새벽과 커피 시어가 융합하여 시의 미의식을 이루어 신앙 중심의 아침시 신앙시로 잘 창작된 것이다. 〈어느 여름날 새벽 커피〉, 〈어느 가을 새벽〉은 계절의 미의식과 함께 절대자에 대한 신앙 의식이 신앙시로서의 품격을 높여준다. "새벽", "커피" 시어가 운율미 함축미를 갖추고 시의 정서와 사상을 시로 잘 승화 시켜주었다.

2. 시의 정서와 자연미

시의 제재는 자연과 인간이다. 객관적 상관물로 시에 활용되는 자연은 정서적으로 시의 사상은 진, 선, 미를 내포하고 있다. 김영규 시인은 〈참 아름다워라〉 찬송이 깃드는 자연 찬양의 시를 신앙과 결부시켜 작품 창작을 잘하고 있다. 사철을 사랑하므로 〈계절앓이〉 시를 창작하고 봄 여름 가을 겨울에 영감을 얻어 창작되는 시에 미의식의 계절병을 앓는 시인의 고뇌를 구가하고 있다. 봄, 여름앓이 작품 하나를 보자.

새벽 한여름/나의 목련 피어 올랐네/어머니 집뜰 피었던 그 목련으로//순결한 흰옷 단아한 자태/그 향기 품고 하늘을 향해 오르네//새벽 봄바람이 그녀를 흔드니/목련도 살포시 날 보면서 웃네//긴 겨울밤 몸서리치며/아파했던 자리에서/너 일어나 피어났구나//마당 봄꽃 하늘 향한 봄꽃 하늘 향한 목련/그 속에 내 어머니/고우신 얼굴 비추네//아련한 그 모습/목련 속에 한 송이로//긴 겨울 내 고단한 지난 사연 맺힌/목련의 하늘은 피어오르고 있네.//
― 〈24년 나의 목련〉 전문 ―

이 시는 2024년 시간 배경을 두고 계절적 자연미는 여름 겨울을 봄꽃 목련과 결부시켜 목련의 어머니 생각까지 회상하는 이미지를 감각적 시어 구사로 잘 승화시킨 작품이다. 시의 연 말미에 "-네"로 종결어미를 구사하여 각운의 시구조적 여운을 잘 보여 주고 있다. 목련을 객관적으로 바라본 시인의 관찰미가 한층 돋보이는 작품이다. 이밖에 자연미 구가 작품은 〈아카시아 꽃 향기〉, 〈장미 한송이 꽃〉, 자연의 미로 부각되는 〈낙엽 소리〉, 〈빗소리〉, 곧 낙엽과 비의 소리까지 청각적 이미지의 자연 소리를 시인은 귀를 기울이고 있다. 김영규 시인은 〈해운대 추억〉, 〈제주의 추억〉, 〈진주〉 등의 작품에서 푸른 바다 자연을 연상케 해 준다. 시인은 진선미의 교훈적 주제가 담긴 자연미에 도취하여 계절에 따른 계절시를 창작하게 된다. 김영규의 계절시가 미적 가치를 잘 드러내 주고 있다.

3. 몸소 겪은 생활시와 꽃사랑

난 시계 따라 일어나고 사역하네/시간속 허용된 생명 제한 아네/오늘 시곗줄 고쳤네/갈 길과 그 길 위 때 일러 주네//시계와 시곗줄은 동역자이네/서로 협력해서 생명 살리길.//

-〈시계 줄〉 일부-

시계는 인간 생활에 시간을 알리는 절대적으로 필요한 물건이다. 탁상시계는 선비가 글 쓸 때 공무원 사무원이 업무진행 할 때 필요하다. 관공서나 회사 현관 같은데 큰 벽시계도 우리의 일상생활에 때를 알리는 선한 일을 하고 있다. 여기 〈시계 줄〉시는 일상생활에 우리가 팔목에 차고 다니는 팔목시계의 시계 줄이 고장 난 것으로 묘사했다. 결국 고친 시계 줄이나 시계는 상호보완하며 함께 필요가치를 이루는 동반자 또는 동역자 구실을 하는 것이다. 교회의 목사 장로 동역자 관계 평신도간의 주님일 동역자 관계를 시의 주제로 성도의 평범한 한편의 생활시로 승화시켰다.

세월은 천천히 변하는데/눈은 언제부터 이리 짝짝이가 되었나//이제는 내 친구 안경 통해 보고/안경 옆에 누워 //사랑의 주님/내게 심령의 눈 선물하셨네//안경 너머로 아름다운 꿈/더 열린 세계 보게하셨네.//   -〈안경〉 일부-

우리 생활 주변에 안경 쓴 사람들이 많이 있다. 이 〈안경〉 시에서 짝짝이 눈이 안경으로 사물을 바로 보게 되어 하나님께 감사하는 신앙 의식을 잘 보여 주고 있다. 독일의 릴케가 시는 체험이라 했으니 〈시계 줄〉이나 〈안경〉은 우리 삶의 필요불가결한 것으로 다 가치 있는 생활용품이다. 생활시로 미적 가치를 높혔다.

김영규 시인은 꽃을 사랑하고 있다 은유적인 꽃으로 〈생명꽃〉, 〈나의 꽃〉, 〈아내 생일꽃〉 등이 있다. 실화의 꽃으로 〈새벽에 핀 장미꽃〉, 〈나팔꽃〉, 〈물망초〉, 〈새벽에 핀 장미꽃〉, 〈호수공원 꽃들〉이 있다 열거된 꽃들이 꽃의 시인 김춘수의 〈꽃〉을 연상시키고 있다.

새벽에 핀 장미꽃 / 무슨 사연 있기에 붉게 피었나 //
가시 숨기고 담을 넘어 / 속살까지 검붉게 피었구나 //
어쩌다 가시가 생겨 / 가까이 안아보기 힘드네 //
오늘 너의 자태가 눈에 들어 / 가던 길을 멈추게 하네 //
에덴동산에 핀 장미여 / 바벨론 그곳에도 피었는가 //
내 사랑 장미여 / 사랑 품고 있는 붉은 장미꽃 //
그 향기를 뿜어내니 / 어느덧 가시는 사라져 보이지 않네. //

- 〈새벽에 핀 장미꽃〉 전문 -

2행 7연의 형식의 균제미를 보이며 동트기 전의 새벽에 핀 장미의 의미 깊은 내재적 이미지를 한편의 꽃사랑 사상과 정서로 짜임새 있게 시를 형상화 시켜 엮었다. 아가서 2장 1절에 나오는 성경적 의미로 샤론의 꽃 수선화를 연상시켜 준다. 지중해 연안에 피는 수선화는 샤론의 꽃으로 예수님을 상징한다. 김영규 목사 시인은 장미꽃 핀 공간을 원죄 낳은 에덴동산과 교만으로 언어 혼란의 벌을 받은 바벨탑 사건이 있었던 바벨론에 장미꽃이 피었는가를 묻고 있다. 이 두 공간의 장미꽃 가시는 마귀 사탄의 존재로 상징된다. 색채적 이미지를 부각시키는 붉은 장미꽃은 그 기도와 믿음의 향기로 가시 마귀 사탄을 쫓아내고 샤론의 꽃 예수님처럼 거룩한 장미꽃으로 그 엄숙한 존재의 꽃으로 시적 변용을 이루게 한 시의 정서와 사상이 감동의 정감을 환기시켜 준다. 김영규 시인은 주 찬양 새벽을 깨우는 이미지로 "새벽" 시어를 중심 시어로 함축성 있게 활용하여 여러 편의 새벽 이미지 부각의 시작품을 창작했다. 여기 샤론의 꽃향기를 새벽에 핀 붉은 장미꽃으로 비유하여 그 신앙 의식이 한결 시적 정서와 사상이 삶의 정화 작용을 갖게 해 준다. 믿음 소망 사랑이 넘치는 고차원적인 신앙시 장미꽃 사랑의 시가 높은 시의 무게감을 준다. 또 한편의 꽃사랑시 〈나팔꽃〉의 시적 가치를 살펴보자.

새벽 기도길 / 교차로 옆에 꽃 피었네 //
지난 밤 아픔에 울었더니 / 너 꽃은 피어나 위로하네 //
여름 가지고 꿈 품어 / 일어나라 나팔 소리 내니 //
인생길 교차로 서서 / 꽃향기 오르고 또 올라 나르네 //
깨여 기도하여 보아 듣네 / 나팔꽃 당신, 기쁜 소식 전하네. //
— 〈나팔꽃〉 전문 —

넝쿨을 이루며 담장 또는 벽을 타고 곱게 피는 나팔 같은 나팔꽃을 김영규 시인은 새벽기도 가는 길에 보는 꽃으로 사람에게 기쁜 소식 전하는 꽃으로 미화시켜 나팔꽃의 존재감을 부각시켰다. 산골동네 싸리울타리를 기어가며 피던 나팔꽃도 상상해 볼 수 있다. 소박하고 진실한 우리 다정한 벗으로서 늘 그리운 꽃이다.

4. 가족의식과 고향정서

누구나 가정을 이룬 가족이 있다. 그리고 사람은 나고 자란 고향이 있다 가정은 삶의 행복이 꽃피는 삶의 보금자리다 고향은 항상 가고 싶은 땅이다. 〈어머니 회상의 기도〉, 〈김장 김치〉, 〈명절에〉, 〈한가위 효〉, 〈가을이 오니〉, 〈부추전〉 등의 소박한 작품이 부모님과의 추억과 늘 가고 싶은 고향정서를 잘 드러내고 있다.

아침 김장하러 간다는 문자 보고 / 어머니 김장 모습 눈에 보였네 //
그 시절 김치 담금은 / 연탄과 땔감 준비같이 겨울 준비였지 //
김장 소리에 침샘 흐름과 / 그리운 어머님 눈 보이네 //
— 〈김장 김치〉 일부 —

시골 농촌에서 어머니가 여인들과 함께 가을 김장하는 모습을 시로 승화시켰다. 김치 담그는 여인들의 인정미가 넘치고 그 담근 김치를 이웃과 나누어 먹는 이웃사랑도 정답기 그지없다. 〈김장 김치〉 작품에서 김영규 시인은 사랑 많은 어머니가 한정없이 그립고 떠나온 고향에 가 보고 싶은 심정이 시의 정감으로 잘 승화되어 있다.

5. 불타는 신앙심과 인생의 종말의식

김영규 시인은 목사 시인으로서 한결같이 불타는 신앙심과 기도와 믿음으로 성령 충만한 알곡 신앙시를 주로 창작했다. 신앙의식 없는 시는 하나 없이 하나님께 영광돌리는 시로만 일관하고 있다. 출애굽 승리를 이룬 모세의 삶을 서술한 〈모세의 노래〉, 〈생명의 떡 예수 만나라〉, 〈삼손〉에 대한 시를 사실적인 서사시로 노래했다. 인간의 시대적 종말 의식으로 "죽음을 생각하라"는 〈메맨토 모리〉 작품을 남겼다. 김영규 시인은 105편의 전체시가 한편 한편 사실상 신앙시인데 주찬양시로 〈생명나무 찬양〉, 〈하나님 찾아오심〉, 〈양화진 단상〉, 〈기도〉 등 27편을 창작했다. 이 가운데 마포 양화진에 조성된 〈양화진외국인선교사묘원〉 145명과 그 가족의 희생과 믿음과 봉사정신을 밑바탕에 기리고 찬양한 〈양화진 단상〉이 찬양시 한편이 신앙시로서 핵심적인 시로 평가된다.

양화진 천국 가신님 / 이 땅에서 기념하고 기억하네 // 시공간 초월하여 / 오신 예수 그 말씀대로 / 십자가 복음 전하신 님 // 척박한 한국땅 / 자기 십자가 지고 / 예수 그리스도 따르셨네 // 다른 환경 질병 속에서 / 십자가 사랑으로 / 자신을 던져 복음을 전했다네 // 그분들이 가신 길 / 예수 앞에서 그 길 위 / 나 온전한 마음으로 가고 있는가//묻고 기도하네.//   - 〈양화진 단상〉 전문 -

서울 마포구 합정동 144번지 약 4,000평에 양화진 외국인선교사묘원이 조성되었다. 구한말과 일제시대 우리 민족을 위해 일생을 바친 선교사 145명과 그 가족이 잠든 곳이다. 김영규 시인은 시에서 시공간 초월하여/오신 예수 그 말씀대로/십자가 복음 전하신임//척박한 한국 땅/자기 십자고 지고/예수 그리스도 따르셨네//로 직설적 표현의 이미지로 안장된 선교사들의 영혼을 찬양하고 있다. 양화진 최초 안장자는 알렌 언더우드와 함께 제중원〈현 세브란스병원〉의사였던 헤른〈1856-1890〉이 1890년 7월 28일에 안장되었다. 언더우드〈1859-1916〉선교사도 척박한 조선에 와서 선교하며 연세대학교를 세웠으며 그 가족이 양회진 외국인선교사묘원에 안장되어 있다. 배재학당을 세운 아펜젤러〈1858-1902〉는 아들 내외가 안장되고 한국독립과 한글운동에 공로가 큰 헐버트〈1863-1949〉박사가 안장되어 있다. 연동교회 초대목사 게일〈1963-1937〉도 안장되어 있다. 145명의 선교사들처럼 "온전한 믿음으로 전도의 사명을 다하고 있는가?"라는 질문을 던지며 김영규 시인은 목사로서 양화진 외국인 선교사묘원의 성지적 가치를 높이 평가하며 추모 의식을 드러내고 있다.

김영규 시인은 〈광복의 아침〉 참여시를 한편 발표했다. 하나님 은혜로 일제로부터 광복된 대한민국이 광복 80주년을 앞두고 현재 좌우 이념대결과 국회 횡포로 대한민국 자유민주의가 도전받는 부조리한 현실을 비판하는 나라 사랑의 작품을 김영규 시인은 나라를 걱정하는 마음으로 엮은 것이다. 시인의 애국심이 뜨겁게 느껴진다.

김영규 시인의 시 105편을 살펴본바 시편 119편 105절 말씀 따라 시 창작을 한 것이다. 김영규 시인은 주의 말씀이 바로 발의 등이요 길의 빛이 되어 신앙시어 중심의 성실한 시 창작으로 시의 언어미학을 잘 들어냈다. 말씀을 시의 나침판으로 삼고 시의 중심사상은 주께 영광돌리는 오직 성경 오직 믿음 오직 성령에 있음을 잘 보여 주었다. 김영규 시인의 은혜로운 첫 시집 〈새벽에 핀 장미꽃〉 출판을 축하드린다.

시평 **오동춘** 시인 : 짚신문학 회장, 문학박사. 문학평론가, 국문학자, 한글운동가, 기독교단체 지도자, 한국시조시인협회 이사, 한국문인협회, 국제펜 한국본부, 현대시인협회 등 활동. 30년 중고등학교 교편, 20개 대학 출강 10년, 40년 교육자, 국민총리 표창, 제2회 흙의 문학상(문공부 장관상), 시조집 20권, 수필집 6권 등.

새벽에 핀 장미꽃

인쇄일 | 2025년 1월 1일
발행일 | 2025년 1월 1일

지은이 | 김영규
펴낸곳 | 도서출판 조은
발행인 | 김화인
디자인 | 김진순
주소 | 서울시 중구 을지로20길 12 대성빌딩 405호
전화 | (02)2273-2408
팩스 | (02)2272-1391
출판등록 | 1995년 7월 5일 신고번호 제1995-000098호
ISBN | 979-11-94562-01-6
정가 | 15,000원

♠ 잘못된 책은 바꾸어 드리겠습니다
♠ 이 책의 내용은 신저작권법에 의하여 국제적으로
  보호받고 있습니다.
♠ 전재 및 복제를 할 수 없습니다.